Couvertûres supérieure et inférieure
manquantes

CHAPELLE

DE

NOTRE-DAME DU ROUET

CHAPELLE

DE

NOTRE-DAME DU ROUET

(COMMUNE DE CARRY-LE-ROUET)

AUTRES CHAPELLES ET MONUMENTS

DÉDIÉS A LA SAINTE-VIERGE

Existant le long de la côte N.-O. de la rade do Marseille

(LA NERTE, LE ROVE, ENSUÈS, LE ROUET et CARRY)

NOTICE

PAR

M. DE REGIS DE LA COLOMBIÈRE.

MARSEILLE,

TYPOGRAPHIE VEUVE MARIUS OLIVE,

Rue Paradis, 68.

1867

CHAPELLE

DE NOTRE-DAME DU ROUET

(Commune de Carry-le-Rouet),

AUTRES CHAPELLES ET MONUMENTS DÉDIÉS A LA SAINTE VIERGE

Existant le long de la côte N.-O. de la rade de Marseille

(LA NERTE, LE ROVE, ENSUÈS, LE ROUET ET CARRY).

Au moment où l'on achève les travaux de construction de Notre-Dame-de-la-Garde, nous croyons à propos de donner quelques détails sur un oratoire placé de l'autre côté de la rade de Marseille.

Les bâtiments arrivant dans notre port passent entre deux chapelles dédiées à la Bonne-Mère. A droite, c'est-à-dire au Midi, c'est Notre-Dame-de-la-Garde ; à gauche, une chapelle moins connue, quoique de très-ancienne fondation, mais à laquelle les marins ont une égale dévotion. Cette dernière est Notre-Dame-du-Rouet, située au Nord.

Ces deux oratoires sont en regard l'un de l'autre, et placés à des élévations différentes :

Notre-Dame-de-la-Garde sur une colline (à 1,100 mètres du Port et 1,600 mètres environ de la pleine mer), est à 161 mètres 5 (1) au-dessus du niveau de la mer, tandis que Notre-Dame-du-Rouet est assise sur un immense rocher carré, à une hauteur de 50 mètres, lequel rocher est battu par les vagues.

(1) *Annuaire du Bureau des longitudes,* 1860.

Cette situation au bord même de l'eau et à une élévation relative très-grande, est pour Notre-Dame-du-Rouet des plus remarquables, des plus pittoresques.

C'est cette chapelle de Notre-Dame-du-Rouet dont nous allons principalement nous occuper. Elle est située dans la commune de Carry-le-Rouet.

On y arrive par la nouvelle route départementale qui, du grand chemin d'Aix, se dirige sur les Martigues en passant par Saint-Henri, Lestaque, la Nerte, le Rove et Ensués.

Mais comme sur le chemin que nous parcourons nous rencontrons une chapelle dédiée aussi à la Sainte-Vierge, nous en dirons un mot. C'est celle de Notre-Dame-de-la-Nerte.

Nous avertissons que nous consignons ici tout ce que nous avons pu recueillir sur ces deux chapelles, soit dans les archives, soit dans nos collections, soit aussi sur les lieux mêmes. On verra que ces documents, s'ils ne sont pas riches en détails, offrent toujours cet intérêt qui s'attache aux sujets peu connus, et nous serons heureux d'avoir sauvé de l'oubli le peu de faits que nous avons découverts après de nombreuses recherches. Les titres que nous citons font partie de nos collections; ce sont des actes anciens, originaux, ou des expéditions authentiques de l'époque. Lorsque nous mentionnons des actes qui ne sont pas en notre possession, nous indiquons le dépôt.

La chapelle de Notre-Dame-de-la-Nerte est dans la commune de Marseille, au N.-O. Partie du quartier de la Nerte étant limitrophe avec la montagne des Pennes, partie avec celles de Gignac, cette chapelle est à peu près au point extrême (1).

---

(1) Distances à vol d'oiseau des chapelles de nos environs dédiées à la Sainte-Vierge à Notre-Dame-de-la-Garde :

Notre-Dame-de-la-Nerte (commune de Marseille)... 12,800 m.
Notre-Dame-du-Rouet (commune de Carry)........ 18,000 »

Elle est sur le chemin même dont nous venons de parler, et à la partie la plus élevée de ce quartier, non loin du tunnel. Elle est à peu près abandonnée. On l'a pourtant ouverte au culte pendant les travaux du chemin de fer, qui passe au-dessous, parce qu'à cette époque une colonie d'ouvriers piémontais s'était établie dans les environs.

Cette chapelle, qui n'offre aucune particularité, était une succursale de la Major. L'auteur du *Calendrier spirituel* de 1713 n'ayant su sous quel vocable la désigner, laisse l'article en blanc, ce qui est une preuve du peu d'utilité de cet édifice à cette époque. Elle remontait pourtant fort loin.

Voici ce que nous avons découvert sur le compte de cette église :

Un acte de 1278 des ides de mars, reçu par Alphanty Boissière, notaire, en mentionnant l'église de la Nerte comme faisant partie de la commune de Marseille, y joint mal à propos l'église de *Roc* (1).

Ab ecclesiâ de Roc sitâ in ripâ maris versus Massiliam.

Cette acte, contenant la circonscription du terroir de Marseille, est mentionné dans un autre acte solennel de 1289, le 3 des calendes de mars, nommant des arbitres pour le maintien des termes et limites du terroir ;

Un acte du 10 mars 1405, par lequel *Isnardus de Visili*, prieur de la Nerte, donne à emphithéose à *Raimond Arucius*, des Pennes, les domaine et terres cultes et incultes de la Nerte dépendant de son prieuré.

En 1475, nouveau bail par le Prieur de la Nerte à Jean Ubri.

Notre-Dame-du-Rouet (commune de Marseille). ...   2,000 »
Notre-Dame-de-la-Douane (commune de Marseille),
   limitrophe avec la commune de Septèmes......... 12,000 »

(1) C'est l'église du Rouet dont il va être question, et qui est le principal objet de notre notice.

Dans un acte de 1532, notaire Vicenzini, la chapelle est mentionnée sous le nom de Notre-Dame-de-la-Nerte.

En 1516, nouveau bail passé par l'agent du seigneur des Pennes à Pierre Maturelli. Ces terres avaient été assujéties à la taille envers la communauté des Pennes par arrêt du 28 juin 1658; mais après de longues procédures, il intervint un arrêt du 28 juin 1664, par lequel il fut reconnu que la Nerte faisait partie du terroir de Marseille, et était franche et *immune* de toutes tailles et impositions envers la communauté des Pennes.

Dans le relevé des déclarations du clergé en 1729, nous trouvons :

Prieuré de la Nerte, sous le titre de Notre-Dame. — M. Antoine Aubert, titulaire. — L'évêque de Marseille collateur de plein droit.

Les revenus : Censive de blé. . . . . 108 liv.

Droits de lods, année commune. . 21 »

129 »

Charges : Service de la chapelle, suivant sentence de l'officialité de Marseille de 1643. . . . . 20 »

Reste net.. . .. 109 liv.

3 mars 1729. (Extrait du *Relevé des déclarations du Clergé,* t. I, in-f°. Mss. Archives des Bouches-du-Rhône.)

Continuant notre route, nous passons au Rove, beau vallon éloigné de la mer, et qui a été pendant la tourmente révolutionnaire le théâtre de faits religieux bien intéressants presque oubliés aujourd'hui, et que nous avons racontés dans un autre écrit (1).

(1) Voir notre *Notice sur la côte N. O. de la rade de Marseille.* Imprimerie V° Marius Olive, 1857.

Aux environs du Rove est un endroit appelé le Médecin, agglomération de quelques maisons habitées en tout par deux personnes. On voit là un rocher curieux dans le vallon, d'où l'on découvre la mer tout juste en face de Notre-Dame-de-la-Garde.

Le Rove s'est fait remarquer par sa dévotion à la Bonne-Mère en érigeant sur un roc élevé et d'une très-singulière forme, qui domine les habitations au nord de l'église et de la route, une statue de la Sainte-Vierge. L'érection a eu lieu à la fin du jubilé prêché par le R. P. Rouvière, oblat de Marie-Immaculée, de la maison d'Aix. La statue fut placée solennellement sur sa colonne le 31 janvier 1858. Elle a été dédiée, comme celle d'Ensués, dont nous allons parler, à Marie-Immaculée.

Cette statue est en fonte de fer, peinte en blanc, ayant la couronne et la ceinture dorées. Sa hauteur est de 1 mètre 52 centimètres.

La montagne où elle est placée était appelée autrefois Montagne de Sainte-Catherine ; depuis lors, c'est la *Montagne de la Vierge*, très-rapprochée du Rove, endroit dit les Logis et le Beau-Logis.

Ce jour-là la statue, après avoir été bénie dans l'église, fut portée en procession dans les divers quartiers du pays, et inaugurée sur un piédestal de 2 mètres de haut, en pierre froide extraite des carrières de la commune, surmonté d'une colonne.

La dépense, qui s'est élevée à 1,040 fr., a été couverte par une souscription spontanée des habitants.

Dans une allocution prononcée au moment de l'installation, le R. P. Rouvière complimenta les bons et pieux habitants du Rove, en leur disant qu'ils pouvaient se glorifier d'avoir été les premiers dans le diocèse d'Aix à élever une statue de la Sainte-Vierge en mémoire de la proclamation du dogme de l'Immaculée-Conception.

La cérémonie se termina par l'illumination de la montagne et de toutes les maisons du Rove, de plus par l'embrasement d'un immense feu de joie. A la fin de l'octave, le 7 février, un feu d'artifice tiré sur la montagne fut encore une démonstration de la dévotion des habitants envers la Bonne-Mère.

Depuis lors les habitans du Rove n'ont pas manqué de renouveler chaque année l'illumination générale du monument et les feux de joie dans tous les quartiers, le jour anniversaire de l'érection de la statue, fête de l'Assomption, et le 8 décembre ou le dimanche qui suit la fête de la Conception, et les habitants, en témoignage de leur foi et de leur dévotion, y entretiennent depuis lors une grande lampe allumée nuit et jour. « Cette pieuse pratique, » nous écrit M. l'abbé Tassy, curé du Rove, qui nous a fait connaître ou nous a rappelé la plupart des faits que nous citons sur cette localité, « sert à entretenir la piété chez les bons et « généreux habitants de cette paroisse, qui passe à bon « droit pour être l'une des plus pieuses et des plus mo- « rales du diocèse d'Aix. »

A quatre kilomètres du Rove, que nous ne quittons qu'à regret à cause des souvenirs intéressants qu'il nous rappelle, nous trouvons le village d'Ensués, qui n'a pas voulu rester en arrière, en élevant aussi sur un rocher, à gauche du chemin, une belle statue de la Sainte-Vierge.

Le R. P. Rouvière qui venait de terminer la mission du Rove, se rendit à Ensués le 1er février 1858 pour commencer les prédications. La mission terminée, la statue fut portée processionnellement le 20 du même mois dans les rues du village. La cérémonie avait attiré, comme au Rove, un grand concours d'habitants des villages voisins : le Rove, Gignac, Châteauroux et Carry, L'image de la Bonne-Mère, qui est exactement la même que celle du Rove, fut inaugurée sur le monument qui avait été disposé sur le sommet du

Coulet Redoun (colline ronde), dont l'emplacement a été donné par MM. de Montvallon frères, propriétaires des montagnes voisines. Cette colline est à 100 mètres au moins d'élévation au-dessus du village d'Ensués, et à une distance de ce village de 4 à 500 mètres au S.-E. Cet endroit a été choisi par les habitants, de préférence à bien d'autres qui auraient été d'un plus facile accès pour y aller faire leurs dévotions, parce que d'abord il est en vue de toutes les maisons d'Ensués, ensuite parce qu'on le découvre de la mer, que l'on ne peut pas voir du village même. Les pêcheurs qui fréquentent ces parages et les voyageurs peuvent adresser leurs prières à celle que l'Eglise appelle l'Etoile de la Mer.

Pour perpétuer le souvenir de cette mission, on a gravé sur la base de la colonne : *A Marie Immaculée, les habitants d'Ensués.* Jubilé de 1858 (1).

En suivant la route nouvellement ouverte à la sortie d'Ensués, et qui contourne les sinuosités du vallon de l'Aigle, nous arrivons au Rouet, but de notre pèlerinage.

Nous sommes près de la mer, dont nous ne sommes séparés que par un vaste terrain uni où existait une saline qui ne fonctionne plus depuis deux ans, qu'elle fut bouleversée par le mauvais temps de S.-E. et S.-O.

A gauche, le vaste rocher où se trouve notre chapelle; à droite, le chemin qui conduit à Carry.

Nous devons mentionner ce que nous avons pu découvrir au sujet du nom du Rouet donné à ce quartier, et par suite à la chapelle, en observant que déjà deux autres chapelles

______

(1) Nous devons les détails qui précèdent sur la mission de 1858 à l'obligeance de M. l'abbé Nat, ancien curé d'Ensués, actuellement curé à Charleval.

M. Gueydan, alors receveur des douanes à Carry, rendit compte dans le temps de ces fêtes dans *le Rosier de Marie*, t. 3. page 784. — 20 mars 1858.

situées dans notre commune portent le même titre. Nous les indiquons simplement :

Celle d'abord située entre le Prado et le quartier de Sainte-Marguerite. Celle-ci a été l'objet d'une notice aussi intéressante qu'exacte due à la plume consciencieuse de M. Kothen.

L'autre ensuite, tout près de Notre-Dame-des-Anges, où il y a des restes très-curieux de construction. Nous sommes entièrement privés de détails sur cette dernière chapelle.

Quant à la chapelle de Notre-Dame-du-Rouet (Carry), le plus ancien titre où il en soit fait mention existe à la Préfecture (fonds de St-Sauveur). Il est du 4 décembre 1253. Le quartier est appelé *Rot ;* nous transcrivons cet acte en entier à cause de son antiquité respectable et des renseignements qu'il contient concernant la famille des Baux, lors seigneurs d'une vaste circonférence dans cette partie de la Provence :

In nomine Domini, Amen. Anno Incarnationes ejusdem millesimo ducentesimo quinquagesimo tertio, Indictione duodecimâ octavo idus decembris. Notum sit tam presentibus quam futuris quod Domina Maria filia Aicardi de Arata quondam et Uxor Bertrandi de Castro-Novo quondam cives Massilie et Nicholaus de Castro-Novo et Bertrandus de Castro-Novo fratres filie dicte domine Marie et dicti Bertrandi quondam cives Massilie ordinaverunt fecerunt et constituerunt suum certum et specialem procuratorem quamvis absentem Guilhelmum de Cavallono ad impetrandum nomine suo et pro eis in Curiâ romanâ litteras papales contra Guilhelmum de Baucio, militem seu baronem provincie, arelatensis diocesis, et quoscumque alios injuriantes eisdem Marie et Nicholao et Bermundo supra dominio et jurisdictione Castri de Castronovo et de Carrio et de *Rot*, et in eorum territoriis et contra quascumque alias personas injuriantes eisdem suprà dictis castris et juribus et pertinenciis et terriloriis corum et super quibuscumque rebus et juribus et debitis quas ipsi impetrerent possent contra predictos et quoscumque alios in Curià Romanà si presentes essent. Promittentes se ratum habere quodcumque impetratum et factum fuerit in dictà Curià literas et judices impetrando per predictum procuratorem. Factum Massilie in domo quondam Guill¹ Alegre in presentià et testimonio fratris Guillelmi monachi de Franchavalle, fratris Johannis de Sancto Jacobo, petri piarti, Et mihi Marquesii Anglici publici massiliensis notarii qui rogatù predictorum hanc cartam scripsi et eandem signo meo signavi.

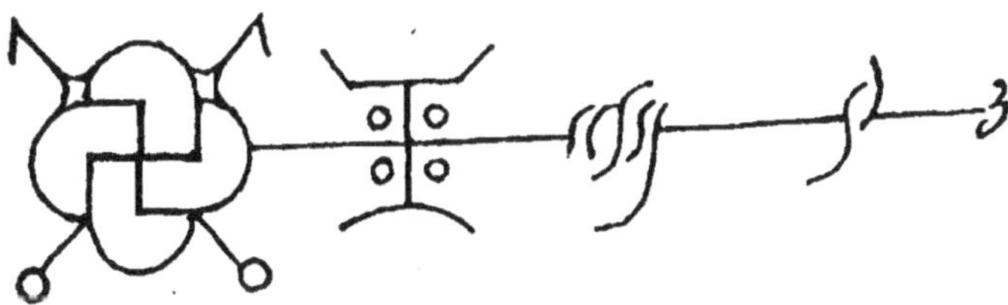

Dans un titre de 1377, *de Serviciis apud castrum de Carrio* (des Servitudes à l'égard du château de Carry), le Rouet est aussi appelé *Rot*.

Dans un acte d'échange Raffin, notaire Olivary, de 1502, c'est le *Roat* et *le Roth*.

Dans beaucoup de titres fort peu intéressants que nous avons sous les yeux, du XVIᵉ siècle, c'est *Rot*, *Root*, *Rupt*, *Roc*.

Dans un mémoire du 10 avril 1562, nous lisons :

Item, y avait une terre tasquière audit terroir et au quartier d'icelle nommé Rot joignant le Palun (1).

----

(1) Terre tasquière, de *Tasque*. La Tasque était le droit sur le blé.

On lit dans un acte du 13 mars 1627, notaire Lombard, à Châteauneuf, passé par Lionne de Sade, femme de François de Seytres, seigneur de Verquières, de Goult, Châteauneuf-les-Martigues et Carry, que ce lieu était appelé *Rot*.

Le même acte nous apprend que la terre du *Rot* appartenait au monastère de Saint-Victor de Marseille. Le Cartulaire de ce monastère ne mentionne pourtant aucun titre concernant cette localité.

Dans diverses pièces d'un procès de 1641, le nom de *Rot* est répété plusieurs fois. Dans l'une d'elles on lit :

« Il y a une chappelle qu'on nomme Nostre-Dame-de-Rot sur un grand rocher contre la mer. »

Ce mot *Rot* ne signifierait-il pas plutôt *Roc*, rocher, que chêne ? Cette étymologie est plus probable que celle qui, sans preuve, le ferait dériver de *Rouvre*, *Roure*, en latin *Robur*, parce qu'on a cru trouver une grande ressemblance entre *Rouve*, qui est le nom provençal du chêne, et *Rouet*. On prononce sur les lieux tantôt *Rouré*, tantôt *Roué*. (Le Rove, en provençal, se prononce : *lou Rové*.)

Nous revenons donc à notre *Roc*. La chapelle est effectivement sur un rocher, et le quartier est escarpé et rocailleux. Il n'y a pas, au reste, la moindre trace qu'il y ait eu des forêts de chênes. C'est le pin d'Alep qui domine partout.

Notre-Dame-du-Rouet près Marseille est écrite dans les vieux titres *Roet* et *Royt*.

L'autre Rouet, près de Carry, est écrit *Rot*, *Root*, *Routh*, *Roth*, *Roc*, *Rupt*. Ce dernier mot est presque le mot latin *Rupes*, rocher.

La différence est palpable, et si l'on est prudent, comme

-- ..... *quod qui plus trabaihe en lo dict terradour plus paga al seigneur et qui plus recuilh de blad plus paga de Tasca.* (Acte d'affouagement du 27 mars 1171 du même endroit).

on doit l'être en fait d'étymologie, il sera permis au moins
de supposer deux origines différentes, qui, par le laps de
temps, ont abouti, par une transformation insensible, tant
à Marseille qu'à Carry, à la même orthographe : *Rouet.*

Nous aurions été porté à faire dériver le nom actuel de
Ruptus (brisé), *Rout* en provençal. Cette interprétation se
présentait naturellement, parce que l'église du Rouet est
sur un rocher détaché, brisé, en latin *Ruptus;* mais ce qui
nous fait revenir au mot de *Roc*, c'est que nous trouvons
plus souvent *Roth*, *Roath* que *Rout*, et enfin nous trouvons
encore *Roc* au siècle dernier dans un mémoire imprimé,
sans date (vers 1720), 4 pages in-f°, aux archives de la
Préfecture des Bouches-du-Rhône. Ce mémoire, fait pour
les échevins de Marseille au sujet des confronts véritables
de la terre que Charles de Vento avait acquise le 28 décembre 1552 de M. de Luxembourg, vicomte du Martigues,
contrairement aux dires de la famille de Vento, qui
prétendait que les limites arrivaient jusqu'à Notre-Dame-
du-*Roc.*

Certains noms paraissent avoir la même racine, comme
Rove, Rouet, Rouveau. Si l'on voulait décider d'après les
apparences orthographiques, on se tromperait certaine-
ment, car les localités diffèrent essentiellement dans toutes
leurs parties (1).

(1) Nous avons aussi sur notre parcours, ou dans un rayon assez
rapproché, des noms d'une grande ressemblance qui ne nous expli-
quent rien, comme *Ensen, Suès, Ensuès;* on sait que deux villages
près de Lest que s'appellent l'un *Séon*-Saint-André, l'autre *Séon*-
Saint-Henry (en provençal *Ensen*). Un village au delà du Rove
s'appelle *Ensuès;* un, quartier de Carry, s'appelle le *Petit-Suès*, un
autre, le *Grand-Suès*. L'examen de ces diverses localités ne nous a
rien fait découvrir sur la vraie origine de cette dénomination répétée
si souvent.

La *Nerte* offre des marques de bouleversement ; le *Nertas*, autre
nom qui paraît être un augmentatif de *Nerte*, est celui d'une partie

Le *Rove* est une commune dans un vallon fertile bien cultivé. Le *Rouet* est le quartier dont nous nous occupons principalement, et qui n'a aucune espèce de ressemblance avec le *Rove*. Le *Rouveau* encore moins, car c'est le nom d'un port et d'un quartier à l'Ouest de Carry, et dont l'aspect général ne rappelle rien des deux autres endroits.

Après cet écart assez long, nous arrivons à la chapelle de Notre-Dame-du-Rouet. Elle est à un peu plus d'un quart de lieue à l'Est de Carry.

Elle est bâtie sur un immense rocher carré recouvert de verdure et d'une étendue de deux hectares environ. Cette

fort restreinte de la forêt de Carry, et où le myrthe (en provençal *Nerto*) ne joue pas le moindre rôle.

Toutes les étymologies ne sont pas aussi claires que celles qui suivent et qui concernent des localités de divers genres de la contrée que nous traversons :

Pas de la Fos. Nom du défilé très-remarquable au N.-O. de Notre-Dame-du-Rouet, et où passe le chemin qui conduit aux *Fossæ Marianæ.* (On dit sur les lieux : *Pas de la Foue.*)

Valestcloué. Vallée à l'Ouest.

Valapoux, *Vallis podii.* Vallée entourée d'endroits élevés.

Valcaresse, de *carex*, glayeul, jonc pointu. Diverses espèces de jonc y croissent en effet.

Valtrede, *Val estrecho*, *Vallis strictus.* Vallée étroite. Elle est, en effet, très-resserrée vu sa grande longueur. *Destrech*, en provençal, Détroit.

Valample. Grande vallée, de *amplio*, prolonger, agrandir.

Valdestral, de *dextra*, vallée à droite, ou de *extra*, galerie. Un côté de ce vallon forme une magnifique galerie.

Regagi ou *Regage* signifie en provençal, grande ouverture, grande fente ou fissure. Les lieux en offrent effectivement.

Reganas. Vallon très-curieux, extrêmement resserré entre Carry et les plaines élevées du quartier de Châteauneuf, et qui n'a pas moins d'une lieue de long. Le nom de ce passage aussi étroit paraît avoir la même origine que *Regagi.* Ne serait-ce pas plutôt *via regammans*, chemins qui se rencontrent de manière à former un T.

Courren, en français, courant. On appelle ainsi les lieux qui sont en pente.

Romaron, de *Rosmarinus.* Romarin.

Cros d'Ampale. Croix de M. Paul, de *Crous*, croix, et de *Em*, ou plutôt *En*, abréviation de *Mossen* et de *Palo* ou *Pau. Cros* signifie aussi enclos, creux, creux ou enclos de Paul.

masse énorme est un mélange solide de calcaire plus ou moins poreux et de terre rouge. Son élévation est de 50 mètres au bord même de la mer. Elle est taillée à pic sur ses quatre faces.

On y arrive par un angle qui seul le relie à la colline ; une porte actuellement en mauvais état empêchait l'accès sur ce vrai promontoire. De ce point la vue est admirable.

La chapelle a été construite en 1653. Ce millésime est gravé sur l'arceau près de la porte d'entrée.

Sa forme est des plus simples. Elle est allongée du côté de son entrée, qui va vers l'Ouest, c'est-à-dire du côté de Carry.

Cette orientation vers l'Ouest indiquerait-elle que les habitants de Carry, en la faisant construire, et dans le but d'indiquer qu'elle était bien à eux, aient voulu que la chapelle fût tournée de leur côté ? C'est probable. Quoi qu'il en soit, il est à regretter que la porte principale ne soit pas en regard de la pleine mer.

La chapelle n'offre rien de remarquable, si ce n'est que la statue de la Sainte Vierge est représentée *allaitant* l'Enfant Jésus. Elle est placée sur l'autel dans un encadrement vitré. Derrière l'autel on voit une Assomption signée N. Ballin ; mauvaise exécution. Cet artiste était bien loin d'avoir le talent de ses homonymes et contemporains les habiles orfèvres de Louis XIV.

Ce tableau est comme encadré entre deux pilastres de bois peints et dorés portant à leur base les armes de la famille de Gérente, qui sont : *d'or au sautoir de gueules*.

C'est le seul objet qui orne les parois de l'édifice, où l'on ne voit actuellement que deux ou trois images mal exécutées rappelant des guérisons obtenues par l'intercession de Notre-Dame-du-Rouet. — Les anciens assurent qu'autrefois l'église était tapissée de ces *ex-voto*, mais qu'un curé peu confiant en la protection de la Vierge invoquée dans cet oratoire, les enleva et les jeta au feu. Dès que l'on eut connaissance du fait, toute la population se mit à la poursuite du curé pour lui infliger une punition exemplaire, mais celui-ci put se sauver dans une barque. On raconte que dès qu'il fut sur mer, une tempête horrible s'éleva soudain.... et l'obligea sans doute à se recommander à la protection de la Bonne-Mère..... Il fut retiré des flots par quelques-uns de ceux qui l'avaient poursuivi, et les habitants ne le respectèrent que parce qu'il promit de quitter le pays le même jour. Ce qu'il fit.

Le vieux missel qui fut donné, dit-on, par le monastère de Saint-Victor, a été remplacé par un autre moins ancien. Nous n'avons à ce sujet aucun renseignement précis.

Ce modeste édifice est surmonté d'un petit clocher. Rien de saisissant comme le son argentin de la cloche lorsqu'elle est entendue les jours de calme par les marins qui fréquentent la côte.

Dans la nuit du 24 au 25 décembre 1821, un coup de vent de S.-O., et qui occasionna de nombreux sinistres dans notre rade, ce qui n'est pas encore oublié des habitants du golfe, renversa le clocher, et la cloche en tombant brisa la toiture.

A diverses reprises, un ermite s'est établi dans les environs. Le dernier n'y a séjourné que peu de mois, il y a vingt-cinq ans environ.

La chapelle profite de la coupe de bois des pins qui croissent sur le rocher et sur les parties escarpées, et d'un troupeau de douze moutons, dont le produit, d'environ cent francs par an, est remis à l'église. Cette possession de Notre-Dame-du-Rouet est fort ancienne. Le petit troupeau a été conservé pendant la Révolution en des mains fidèles. Quant au titre qui en assurait la propriété à la chapelle, nous n'avons pu le retrouver.

Ces deux genres de produits ont un emploi tout spécial : ils sont affectés aux réparations, et grâce à cette ressource, la chapelle, qui au reste est d'une bonne construction, est maintenue en bon état. Elle a été réparée il y a quelques années au moyen de l'accumulation des rentes.

Les habitants de Carry assurent que leur chapelle du Rouet a été construite tout près de l'endroit où une statue de la Vierge fut miraculeusement découverte par une chèvre qui à maintes reprises et quoiqu'on la retînt, était venue flairer le sol et le gratter. On nous a montré la fente du rocher où la découverte fut faite, sans que personne ait pu préciser l'époque de l'événement. La tradition, fortement enracinée dans le pays, se borne à ce simple récit.

Il ne serait pas étonnant que, pendant les guerres religieuses des siècles derniers, on ait, au Rouet, comme cela s'est vu ailleurs, confié à la terre une image vénérée.

Mais est-ce à cause de cette découverte même que l'église du Rouet a été bâtie? Ne faut-il pas plutôt croire que c'est simplement à cause de la dévotion à la Sainte-Vierge que l'on a pensé à y établir un oratoire?

La localité s'y prêtait admirablement : en face du port de Marseille, sur une roche qui avance dans la mer et qui est extrêmement remarquable par ses formes, et pour servir, qui sait? de pendant au sanctuaire de Notre-Dame-de-la-Garde placé de l'autre côté de la rade.

La fête de Notre-Dame-du-Rouet avait lieu autrefois le jour de l'Assomption, ainsi que le prouvent l'acte de 1660 dont il va être parlé et le tableau placé dans la chapelle. La fête de la mi-août était dans la contrée la grande époque de l'année. C'était le jour fixé dans tous les actes pour le paiement des censes et redevances. Depuis un grand nombre d'années, la fête a lieu au Rouet le 2 février, jour de la Purification.

A l'occasion du Mois de Marie, les habitants de Carry

vont chercher processionnellement la statue de Notre-Dame-du-Rouet, et la placent dans l'église, où elle reste pendant tout le mois de Mai.

Le village de Sausset, situé à une lieue de Carry, et qui contient la majeure partie des habitants de la commune, voudrait que son église, construite depuis quelques années, possédât la statue de la Sainte-Vierge pendant la moitié du mois de Mai. Les exercices se feraient ainsi pendant quinze jours à Carry et quinze jours à Sausset.

L'arrangement n'a pas été adopté définitivement. Nous pensons que l'on s'entendra de manière à ce que les cérémonies du mois de Mai soient ainsi réparties pour satisfaire aux désirs de la plus grande agglomération d'habitants de la commune de Carry-le-Rouet.

Les marins du quartier ont une grande dévotion à Notre-Dame-du-Rouet. Le rocher est appelé *le Cap de la Vierge ;* mais cette appellation ne se trouve sur aucune carte, non plus sur la carte côtière du dépôt de la Marine, où les sinuosités sont si exactement marquées.

Cette chapelle est, disons-nous, pour les 500 habitants de la commune l'objet d'une dévotion très-grande.

Comme à Notre-Dame-de-la-Garde, les personnes au sortir d'une grave maladie, les marins lorsqu'ils ont échappé au naufrage, ou lorsque, après une longue absence, ils sont rentrés heureusement dans leurs foyers, tous s'empressent d'y aller faire leurs dévotions et offrir un cierge bénit.

L'exiguité de la population ne permet pas qu'il y ait jamais foule, mais on peut dire que, proportion gardée, le nombre de visites est très-grand.

Un fait que l'on connaît peu, c'est qu'anciennement les navigateurs, en arrivant dans notre golfe, n'avaient pas plutôt aperçu la chapelle de Notre-Dame-du-Rouet, que l'on découvre d'assez loin, qu'ils la saluaient de quelques coups de canon, un peu avant de découvrir à droite la chapelle de

Notre-Dame-de-la-Garde, qui à son tour était saluée de la même manière.

Les habitants de Carry et de Sausset font donc de nombreux pèlerinage à Notre-Dame-du-Rouet. La statue est portée plusieurs fois l'année à Carry, et placée dans l'église. Elle est retournée avec la même cérémonie un ou deux jours après.

Le lendemain surtout de la première communion, on va à la chapelle en procession. Une jeune communiante, à genoux aux pieds de l'image vénérée, prononce l'acte de consécration à la Sainte-Vierge.

Rien n'est intéressant comme le retour de la procession. Après un goûter champêtre, véritables agapes où règne une sainte gaîté, les uns, accompagnés de leurs parents, reviennent par le même chemin; d'autres, fort nombreux, s'embarquent, si le temps le permet, sur des bateaux de pêche ou des canots. Bientôt des chants pieux se font entendre de la flottille, auxquels on répond de terre par des cantiques, et comme les deux routes que l'on suit sont parallèles et assez rapprochées, cet accord dans le chant se prolonge assez longtemps.

Ce qui ajoute un charme infini à ce concert de louanges, c'est le tintement empressé de la cloche de la chapelle. Ces pèlerinages par terre et par mer, et où règnent la simplicité, la naïveté, ont un attrait sans égal pour l'observateur.

Les témoins de ces fêtes ne sont presque jamais que des Marseillais, quoique cette partie du département, depuis la Nerte, fasse partie du 2e arrondissement, dont le chef-lieu est Aix. Marseille a, en effet, établi les seuls rapports existants sur le littoral. Les habitants le reconnaissent tellement, que lorsqu'ils disent : *Anam a la villo* (Nous allons à la ville), ils entendent Marseille qu'ils ont en face, et non Aix, placée à une trop grande distance, et qui n'a rien fait et ne pourra jamais rien faire pour eux, si ce n'est de les obliger à des voyages longs et coûteux lorsque certaines affaires les y appellent.

La terre du Rouet a fait partie de l'aumônie de Saint-Victor. L'aumônier a été pendant quelque temps seigneur du Rouet. La juridiction fut achetée par un Gérente. C'est ce qu'apprend la transaction du 17 mai 1552, notaire Tisaty, à Aix.

Quant à la chapelle actuelle, elle était à peine construite qu'elle donna lieu à un procès.

Le 4 mai 1660, requête incidente présentée au nom d'Ursule de Guilhem, veuve de Gaspard de Seytres, seigneur de Châteauneuf et Carry, à l'occasion d'une contestation entre Honoré Mure, prêtre, de Châteauneuf; Victor Seren, de la Bastide-Blanque, à Châteauneuf; Victor Seren, marguillier de la chapelle dédiée à la Sainte-Vierge, dans laquelle on célèbre toutes les années la fête le jour de l'Assomption, et André de Gérente d'Andréa, seigneur de Venelles et du Rouet, sur ce qu'en 1658, Messire Mure, curé de Châteauneuf, et Messire Gavot, son secondaire, ayant été célébrer la messe et faire le service dans la chapelle du Rouet le jour de l'Assomption de Notre-Dame, ledit Seren, marguillier, y appela aussi d'autres prêtres, et malgré cela se refusa de payer audit Messire Mure et à son secondaire les salaires qui leur étaient dus et qu'on avait accoutumé de leur payer les autres années.

Messire Mure s'était, par suite de ce refus, pourvu en justice, et le fit ajourner pardevant les officiers de Châteauneuf obligés de suivre le Tribunal des défenseurs.

Mais M. de Gérente, le 31 août 1658, sous prétexte qu'il était seigneur du Rouet, voulut que les officiers du Rouet connussent de l'affaire.

Sur ce, sentence du 20 mars 1659 pour appeler le seigneur de Châteauneuf. En plaidant, Gérente disputa la juridiction de Carry, soutenant qu'il avait autant de droits que le seigneur de Carry.

Ce dernier, repoussant ces dires, voulait faire déclarer que de Gérente n'avait aucune juridiction sur ledit Carry, et qu'il ne pouvait prétendre à autre droit que celui transporté par François de Luxembourg en faveur de Balthazard Cappeau, précédent propriétaire en 1541, qui convertit en biens nobles les biens ruraux et roturiers possédés par ledit Cappeau, sous la cense et services y exprimés, à la charge de faire hommage, payer lods et passer reconnaissance audit de Luxembourg, comme seigneur de Châteauneuf et Carry, et avec pacte exprès que lesdits biens et la juridiction sur iceux demeureraient au seigneur de Châteauneuf.

Tandis que, lorsque (en 1551) ledit de Luxembourg ayant vendu la terre et seigneurie de Châteauneuf et de Carry à Jean de François (1) (prédécesseur de la famille de Seytres), il lui transporta tous ses droits quelconques.

Au surplus, en 1636 de Gérente, qui n'exerçait réellement que le droit du dit Cappel, avait fait hommage au seigneur dans une transaction du 19 janvier, qui n'attribue à Gérente que le terroir du Rouet et la juridiction dans le terroir seulement.

On lui observait de plus qu'en 1643 ledit seigneur de Gérente ayant voulu marquer les billets de Carry de ses armes et cachet, il y avait eu un arrêt qui enjoignait aux consuls de marquer aux armes de Châteauneuf, avec défenses de se servir de celles de Gérente.

L'affaire, qui avait eu pour origine une simple demande d'honoraires, devint, comme on a vu, plus sérieuse par

---

(1) Jean de François M⁴ Rational au Parlement de Provence en 1543, seigneur de Châteauneuf-les-Martigues, descendait de François de Francisci, aussi M⁴ Rational en 1381.

Les armes de cette famille sont assez singulières : De gueules au sautoir formé de 5 arquebuses, dont 3 en bande, 2 en barre.

suite de ces questions de juridiction. La contestation fut renvoyée pardevant les juges du seigneur de Châteauneuf. Les actes de procédure que nous avons sous les yeux étant incomplets, nous ignorons ce qu'il en advint; mais comme il n'est plus question de cette affaire dans les papiers postérieurs à 1660, il y a lieu de croire qu'elle fut bientôt terminée.

Situation de Notre-Dame-du-Rouet.

Le baron de Zach, qui a fait de si nombreuses observations dans notre rade et dans nos environs (1), n'a pas relevé la chapelle du Rouet, qui était pourtant un point de mire fort apparent.

Ses observations ont porté sur divers points de la côte voisins de notre chapelle.

Carry a donné 43° 20′ 5″ latit. et 22° 48′ 55″ longit.

La Corbière, qui est à deux lieues environ à l'Est, a donné 42° 21′ 17″ latit. et 22° 57′ 5″ 9.

Or, Notre-Dame-du-Rouet étant située entre Carry, à demi-lieue environ à l'Ouest, et la Corbière, à deux lieues, on a à peu près la position de la localité dont nous nous occupons (2).

Les auteurs de *la Statistique des Bouches-du-Rhône* contestent à Carry, dont le port aurait, sans qu'ils s'appuient sur aucune donnée, une origine postérieure aux Romains,

(1) *L'Attraction des montagnes*, etc., par le baron de Zach, 2 vol. in-8°. Avignon, Seguin aîné, 1814. Ouvrage rare et estimé. Pag. 654 656, 681.

(2) Notre-Dame-de-la-Garde, 43 d. 17 m. 1 s. 13 long. 23 d. 2 m. 8 s. 8 latit. suivant le même ouvrage, et 43 d. 17 m. 4 s. long. 3 d, 2 m. 3 s. latit. E. suivant l'*Annuaire du Bureau des longitudes*, 1860.

la station de l'Itinéraire d'Antonin. Selon eux, la véritable *Incarus positio* serait un peu à l'Est du Rouet. Si cela était appuyé de quelques preuves, il faudrait s'y soumettre, et dans ce cas, on ne pourrait s'empêcher de s'étonner des changements que les lieux ont subi, changements tels qu'il ne reste pas même à l'Est du Rouet les traces d'un espace convenable que les Romains auraient utilisé en y établissant la *Positio* de l'Itinéraire.

Quant à une jetée qui serait de construction romaine, nous en avons en vain cherché les traces.

Ils parlent d'une chapelle *très-ancienne* sur le rocher auquel, comme nous, ils donnent le nom de promontoire. Nous avons indiqué le millésime écrit sur l'arceau de la chapelle, 1653. Il y a bien auprès de cette chapelle, qui est bien loin d'être d'une antiquité aussi reculée qu'on le supposerait par cette indication vague de *la Statistique des Bouches-du-Rhône*, les ruines informes d'une chapelle précédente. C'est tout. Il paraît, par les matériaux existants, que cette chapelle n'était pas d'une construction parfaite. Elle a dû s'écrouler quelques années avant l'édification de celle qui existe. Elle était, au reste, placée trop au bord du rocher. La chapelle actuelle est mieux assise.

La dévotion à Notre-Dame-du-Rouet remontant assez loin, il y a eu sans doute d'autres constructions dans les siècles précédents. Il n'en reste aucune trace, mais c'est assez indiqué par les titres que nous citons.

En 1820 un poste est établi au Rouet. Il y avait alors, suivant *la Statistique*, 21 habitants, y compris le poste de douane. Le poste ayant été supprimé il y a deux ans, l'endroit est à peu près désert, car on n'y compte en ce moment que quatre habitants.

Seigneurs du Rouet.

La seigneurie du Rouet n'était, comme nous allons l'indiquer, qu'un démembrement de la grande seigneurie de Châteauneuf-les-Martigues et Carry.

L'aumônie de Saint-Victor de Marseille figure comme seigneur du Rouet dans des titres authentiques ; mais cette possession n'a pas duré longtemps, à ce qu'il paraît ; nous n'avons pu en découvrir le commencement, les titres nous manquent.

Voici une généalogie appuyée aussi sur des titres authentiques :

Dès 1229, et peut-être antérieurement, la famille des Baux possédait la terre de Carry et Châteauneuf.

En 1368, tous les biens de la famille des Baux sont confisqués pour crime de félonie.

Le 20 mars 1377, cette terre, comme bien d'autres de la famille des Baux, est réunie au domaine du comte de Provence Louis II, sous la tutelle de la reine Marie.

En 1385, la reine-comtesse la donne en gage à la ville de Marseille, qui prête des fonds pour l'aider contre Charles de Duras.

La terre est ensuite rendue aux Baux, qui ne remplissent pas les conditions qu'on leur avait imposées, et Marseille la reprend.

Le 17 février 1392, la ville de Marseille la vend à Jacques de Favas. (Notaire Delphin Despais.)

Le 31 mars 1393, acte portant en même temps rectification et ratification de cette vente au prix de 4,600 florins d'or. (Notaire Laurent Aycard.)

Le 28 février 1394, confirmation de cette vente et investiture. Le roi Louis II, devenu majeur, reconnaît ces divers actes.

En 1431, Jacques de Favas vend la terre à Jean Arlatan, d'Arles, maître-d'hôtel de Louis III comte de Provence.

Le 6 avril 1438, Jean Arlatan fait hommage au comte de Provence.

Le 15 décembre 1452, vente de la terre à Charles d'Anjou, duc de Maine, neveu du roi René. Charles d'Anjou n'était alors que seigneur particulier, puisque le roi René, son oncle, comte de Provence, de même que Jean de Calabre et Nicolas de Calabre, fils et petit-fils de ce même roi, vivaient encore.

Le 9 octobre 1473, le roi René, en faveur de son neveu Charles d'Anjou, érige la baronnie du Martigues en vicomté, comprenant le Martigues, Bouc, les Pennes et les environs, plus Châteauneuf et Carry, dont le Rouet est un quartier.

Charles d'Anjou devient comte de Provence en 1480 par le décès du roi René, mort le 10 juillet, et en laissant en 1481 la Provence à Louis XI, lègue la vicomté du Martigues à François (Ier) de Luxembourg, son cousin, gouverneur et vice-roi en Provence.

Ce legs fut disputé par les rois de France, et le procès ne fut terminé que le 25 septembre 1568 par le célèbre arrêt du Parlement de Paris, en présence de Charles IX, par lequel son procureur général fut condamné à faire à Sébastien de Luxembourg, petit-fils de François, la réelle délivrance de ce legs; on confirma par là un arrêt de 1493 qui avait retranché de ce legs les terres domaniales, et laissé à l'héritier Châteauneuf, Carry et les Pennes, qui étaient des acquisitions privées.

C'est le 17 avril 1501 que la terre du Rouet est détachée de la seigneurie de Carry. Cent quarante charges de terres ou collines (112 hectares) furent données à nouveau bail par François de Luxembourg, vicomte du Martigues, en faveur de Barthélemy Cappel ou Cappeau, de Marseille, lesquelles lui furent inféodées à titre de fief rural, sans juridiction, sous la cense et redevance annuelle d'un florin et 12 perdrix. (Notaire Bernard de Berre.)

Dans cet acte, il est permis à Cappel de faire construire une maison à Carry, *excepté sous la forteresse* (Cette forteresse était une tour mentionnée dans plusieurs vieux titres.)

Le 25 mai 1542, notaire Barralier, les biens ci-dessus et une partie de la terre de la Jube furent transformés de fief rural en fief noble par le même François de Luxembourg (qui, dans cette circonstance, agissait en souverain ; en avait-il le droit?) en faveur de noble Balthazard Cappel, écuyer de Marseille, fils de Barthélemy, pour le prix de 100 écus d'or soleil coin du roi, suivant lettres données au château de Duing, en reconnaissance des services que celui-ci lui avait rendus, et sous la cense de 1 florin. François de Luxembourg se réservait, comme dans l'acte précité de 1501, la haute, moyenne et basse juridiction, le droit d'hommage et serment de fidélité dudit Cappel (qu'il traitait comme un petit personnage ; effectivement les Cappel avaient été les agents de François de Luxembourg). Il se réservait de plus le droit de prendre lods et treizains, le droit d'investiture, de prélation ou de détention en cas de vente, et autres conditions reproduites dans l'acte du 6 août 1551 ci-après mentionné.

C'est ici qu'il faudrait placer l'acquisition faite, soit à titre onéreux ou autrement par l'aumônie de Saint-Victor qui avait des droits sur le Rouet, droits qu'il n'a pas dû exercer longtemps, comme nous l'avons déjà observé.

Nous n'avons pas la date de l'acte d'acquisition par les Jarente, qui se qualifiaient sieurs de Carry et seigneurs du Rouet, après avoir réuni à leur petit domaine un autre fief rural démembré précédemment par ledit François de

Luxembourg en faveur de Jean Cépède. (Acte du 14 octobre 1544, notaire Hector Antelmy, de Marseille.)

Le 6 août 1551, reconnaissance des droits spécifiés dans l'acte de 1542, et le 19 janvier 1636, les mêmes droits sont encore reconnus (acte notaire Philibert Beaufort, à Aix). La cense annuelle reconnue par le dernier acte est de 10 livres, qui étaient sans doute la représentation de 1 florin.

Le 24 décembre 1740 (acte notaire Hazard, à Marseille), procuration de noble Balthazard Fouquet de Jarente pour passer reconnaissance des biens de Carry en faveur de Seytres.

Le 23 octobre 1778, vente à Seytres-Caumont, seigneurs de Châteauneuf et Carry, par Charles-François-Victor de Jarente-la-Bruyère de ce qu'il possède à Carry et au Rouet, au capital de 200,000 livres, converti en une rente annuelle et perpétuelle de 10,000 livres. Cette rente passe à Félicité de Jarente, épouse de Fortia de Pilles, qui la lègue à Louis-Sextius de Jarente-la-Bruyère (le fameux évêque d'Orléans!) Celui-ci, par son testament du 10 mai 1786, la transmet à Laure-Sophie de Jarente d'Orgeval.

Le 1er floréal an 9, rachat par cette dernière au prix de 188,000 fr., y compris deux domaines dans les environs.

C'est en 1811 que le démembrement de la terre de Carry sort de la famille de Jarente.

Port du Rouet et Saline.

On croirait, lorsqu'on arrive par mer devant le Rouet, pouvoir entrer dans une immense calanque. On est bien trompé, car l'accès en est très-difficile et n'offre aucun abri aux bateaux même d'une petite dimension. Exposé aux vents d'Est et de Sud-Est, les approches en sont dangereuses, et le vent de S.-O. y fait ressentir ses effets.

Cette partie de notre rade, que l'on utilisera sans doute quelque jour au moyen de travaux convenables qui permettront aux bâtiments de petite dimension d'y aborder et d'y séjourner, sera alors très-fréquentée, surtout lorsque les vents ci-dessus ne souffleront pas, soit pour la pêche, soit pour les bains de mer. L'eau y est pure, la pêche très-abondante, le poisson de roche s'y multiplie beaucoup, et par suite du calme qui règne dans les fonds, que le mistral ne peut troubler à cause des élévations qui mettent cette côte à l'abri de ce vent, on pourra fréquenter ces parages aux époques où ce même vent interdit tout à fait les abords de l'autre côté de notre golfe.

C'est dans l'anse du Rouet, à gauche du rocher de Notre-Dame, que se trouve une saline de 8 à 10 hectares. Cette saline a fonctionné pendant un grand nombre d'années ; mais les gros temps qui ont régné il y a deux ans ont tout bouleversé. Pendant toute la durée de son exploitation, la localité a été préservée des fièvres, mais les eaux ayant leur source au pied du rocher, au fond de la saline. se répandent depuis lors sur toute sa surface au lieu d'aller droit à la mer, et ont créé des effluves pernicieux, germes des fièvres paludéennes, qui, après avoir atteint en 1865 tous les habitants de Carry, et ceux mêmes qui n'étant venus y passer que quelques jours, ne peuvent plus depuis un an se délivrer de ses accès périodiques (1).

Cette saline appartient à M. le comte Léo de Laborde. Elle produisait environ 9,000 quintaux métriques de sel. Les abords du rocher où est la chapelle appartiennent au même propriétaire. Depuis la destruction des tables à sel, le posté de douane a été supprimé.

Il paraît qu'anciennement l'anse du Rouet était un maré-

(1) Ceci était écrit l'été dernier. Depuis lors, les fièvres ont cessé. Elles ne séviront plus si les eaux des fossés se rendent librement à la mer.

cage entretenu par deux sources, l'une au levant, l'autre au couchant; les deux sources au pied de la montagne, au fond même de l'anse. On avait ouvert à ces deux sources un lit qui contournait la saline pour se rendre dans la mer. Cette eau est légèrement saumâtre au sortir même du rocher, pas assez pourtant pour nuire à la croissance du cresson et d'autres plantes aquatiques. L'état fâcheux que nous signalons durera jusqu'à ce que l'on ait ouvert aux eaux douces un passage vers la mer, ce qui peut se faire à peu de frais.

Nous citerons une curiosité qui se trouve à l'Est du rocher de Notre-Dame : c'est une source abondante d'eau salée qui surgit dans la petite anse dite des *Eaux-Salées*. Le vallon qui y conduit porte le même nom. L'eau est très-limpide. Elle sort à quelques mètres du rivage et à un mètre environ au-dessus du niveau de la mer. Elle a toujours la même température, et elle marque 2 degrés au pèse-sel.

Après de fortes pluies, les eaux jaillissent à plus de dix mètres, et lorsqu'on a, par certains travaux qui n'ont été d'aucune utilité, gêné la sortie de l'eau, elle est montée à un niveau supérieur. Le passage de la source est au-dessous d'une immense roche très-compacte, difficile à entamer.

Aux environs, on a exploité anciennement une pierre calcaire très-dure ainsi que des tuileries.

On a fait bien des contes sur l'origine de la salure de cette eau. Le plus répandu, c'est que l'eau viendrait de l'étang de Berre. C'est en vain que l'on observe que le niveau de l'étang de Berre est le même que celui de la mer, en communication continuelle avec cet étang. Traverse-t-elle un dépôt de sel gemme? Cela pourrait être; mais rien ne vient à l'appui. S'il est permis de se livrer à quelque supposition, celle qui serait la plus présentable serait que l'eau de la mer, entrant continuellement par une petite fissure des roches sous-marines, viendrait se mêler à une source très-abondante d'eau douce qui jaillirait en se mêlant avec un peu d'eau salée.

Y a-t-il jamais eu un village au Rouet? Rien ne vient le prouver. Aucun reste quelconque d'un village abandonné ne se montre au touriste le plus désireux de faire des découvertes. A peine quelques ruines insignifiantes de maisons isolées, et encore en fort petit nombre. Cela se voit partout. Les seules ruines bien marquées sont celles de l'ancienne chapelle remplacée il y a deux siècles par celle que l'on voit sur le grand *Roc*. Il y a aussi dans le voisinage, sur un rocher d'un accès très-difficile, les ruines d'une chapelle ou de tout autre édifice appelé *la Chapelle du désespoir*, ainsi nommée parce que c'était le lieu où se réfugiaient jadis les habitants des environs lorsqu'ils étaient menacés d'une descente de pirates. Telle est du moins la légende.

Il y a loin de toutes ces ruines à celles d'un village.

Le Rouet, par suite de son trop grand rapprochement de Carry, où existe un port, selon nous, très-ancien qui offre un certain abri, ne nous paraît en aucune manière avoir reçu de nombreuses habitations. Ce qu'on lit à ce sujet dans *la Statistique des Bouches-du-Rhône* est sans le moindre fondement. Les auteurs de ce grand ouvrage, dont on reconnaît le mérite sous bien des rapports, prétendent que le Rouet était un village, et ils ajoutent que la source qui se jette dans le port du Rouet étant saumâtre, la population (on ne dit pas à quelle époque) se porta *peu à peu* à Carry, où il y a une excellente source d'eau (ceci seul est exact), et si l'on admettait leurs assertions, que nous contestons, il faudrait supposer que les habitants se fussent contentés (pendant combien de siècles?) de cette eau salée!!

En disant qu'il y aura quelque jour un beau village au Rouet, nous sommes certains qu'il n'y en a jamais eu jusqu'à ce jour. Il serait resté quelques traces du passé dans les documents aussi nombreux que peu intéressants pour la plupart qui ont passé par nos mains, et qui remontent assez loin, comme on peut en juger par les dates que nous avons citées. Voilà pour le passé. Quant à l'avenir, nous dirons, sans crainte d'être démenti : il y a peu de sites aussi pittoresques à une distance aussi rapprochée de Marseille, et si cette localité est assainie, comme elle peut l'être dans un instant par les procédés les plus simples, les plus élémentaires, et partant très-peu coûteux, cet endroit si désert en ce moment sera un jour très-fréquenté.

Cette situation si belle, si admirable, la pureté de l'air, son exposition au Midi, la limpidité de l'eau de ses bords ont attiré l'attention de gens compétents pour un établissement important de bains de mer. Ce lieu serait, sous tous les rapports, préférable à la plupart de ceux tant vantés, qui ont de plus l'inconvénient grave d'être éloignés d'un grand centre, et par toutes ces raisons peu d'entreprises offriront des chances de succès aussi certaines.

Ne devant rien omettre de ce qui concerne la dévotion à la Sainte-Vierge sur notre littoral, nous ajouterons que Carry a depuis peu son monument dédié à la Bonne-Mère. Il a été établi aux frais d'un particulier, et sur sa propriété, dans un endroit élevé et bien apparent, dominant le port, du côté de l'Ouest.

Il consiste en une colonne d'ordre corinthien surmontée d'une statue de la Sainte-Vierge.

Le monument, établi dans des conditions convenables, et non en miniature, comme on pourrait le supposer par rapport au petit village où il a été érigé, est entouré d'une balustrade en fer ; l'intervalle est garni de plantes. Au levant, deux candélabres surmontés chacun d'une lanterne.

Inscriptions sur le piédestal ; au levant : *A Marie Immaculée, souvenir du VIII décembre MDCCCLIV;* au nord, *Vierge clémente, priez pour nous;* au couchant, 8 *décembre 1862;* au midi : *Je vous salue, Étoile de la mer.*

On arrive de ce côté par une large et assez longue avenue complantée de pins et sablée. La descente, courte et avec escalier, est du côté du Nord. Les contours de la colline à laquelle la promenade est adossée sont garnis de siéges taillés dans le roc. L'inauguration a été faite le 1er mai 1864.

Ce monument devait être légué, ainsi que l'avenue, à l'église de Carry par celui qui l'a fait élever, M. Clumanc, ancien courtier de Marseille, décédé depuis peu. Nous ignorons ce qu'il en est, mais on ne doute pas que les héritiers n'accomplissent par un acte en règle ce que le défunt, qui en a manifesté l'intention à tous les habitants de la commune, n'a peut-être pas eu le temps de faire.

Un autre monument reste à élever pour compléter d'une manière splendide cette série d'oratoires échelonnés autour de notre rade, et le vœu en a été émis depuis longtemps. C'est l'érection au Cap Couronne, sur le promontoire imposant qui termine le golfe, d'une statue à la Sainte-Vierge. Les principaux matériaux sont sur les lieux. Ce serait un point de reconnaissance se montrant de loin pour diriger les marins aux approches de notre port, et une occasion de plus pour se recommander à celle qui est appelée *le Phare des Navigateurs.*

www.ingramcontent.com/pod-product-compliance
Lightning Source LLC
Chambersburg PA
CBHW061716060726
47597CB00006B/2398